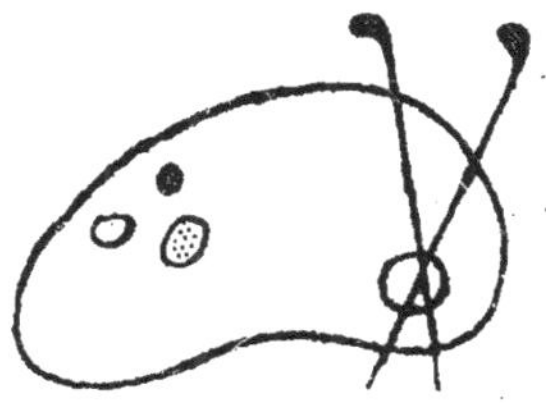

Début d'une série de documents
en couleur

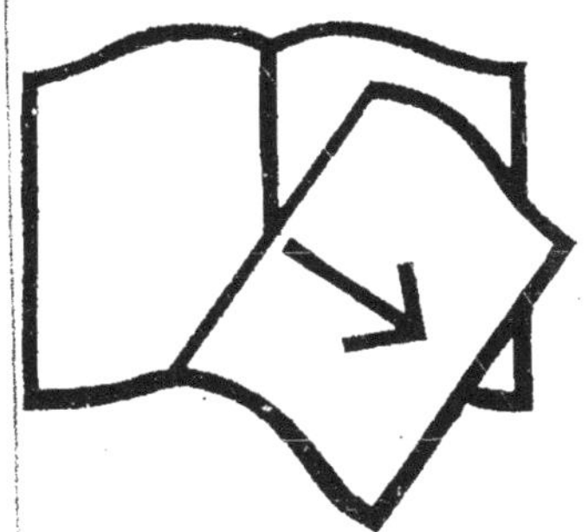

Couverture inférieure manquante

LE
CARDINAL D'ARMAGNAC

ET

JACQUES DE GERMIGNY

DOCUMENTS INÉDITS

PUBLIÉS PAR

Philippe TAMIZEY DE LARROQUE

Extrait de la *Revue des questions historiques* (janvier 1883).

PARIS

LIBRAIRIE DE VICTOR PALMÉ, ÉDITEUR

76, Rue des Saints-Pères 76.

1883.

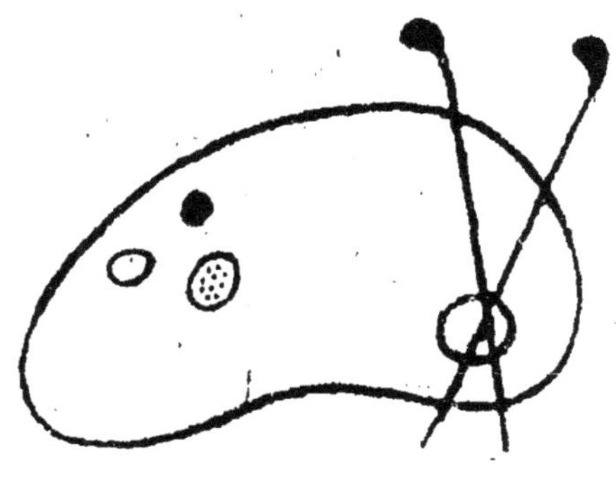

Fin d'une série de documents
en couleur

LE CARDINAL D'ARMAGNAC ET JACQUES DE GERMIGNY

DOCUMENTS INÉDITS

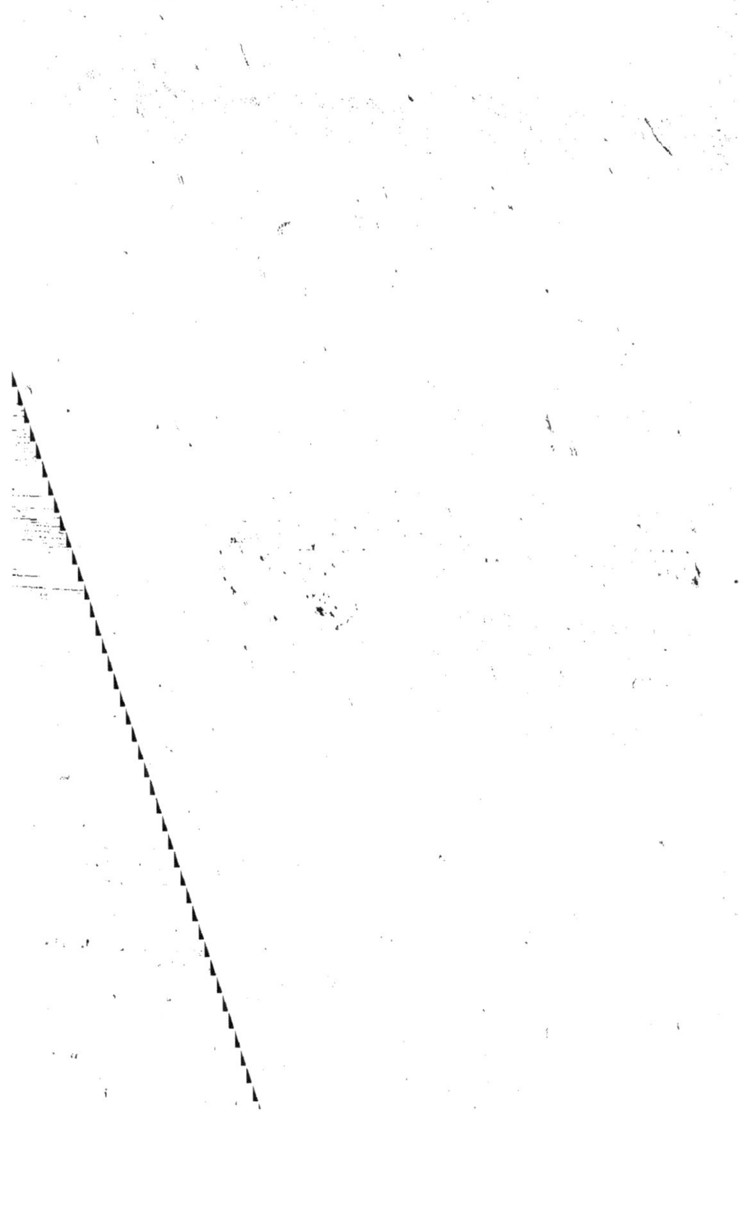

LE
CARDINAL D'ARMAGNAC

ET

JACQUES DE GERMIGNY

DOCUMENTS INÉDITS

PUBLIÉS PAR

Philippe TAMIZEY DE LARROQUE

Extrait de la *Revue des questions historiques* (janvier 1883).

PARIS
LIBRAIRIE DE VICTOR PALMÉ, ÉDITEUR
76, Rue des Saints-Pères 76.

1883.

LE CARDINAL D'ARMAGNAC ET JACQUES DE GERMIGNY.

DOCUMENTS INÉDITS.

Tout le monde sait que le cardinal Georges d'Armagnac fut à divers titres un des hommes les plus distingués du xvi⁰ siècle; mais peu de personnes connaissent Jacques de Germigny, baron de Germoles, ambassadeur de France à Constantinople de 1579 à 1584. Si, dans nos principaux dictionnaires biographiques [1], aucune mention n'a été accordée au successeur auprès de la Porte des éminents diplomates François et Gilles de Noailles, évêques de Dax; si l'on ne trouve sur lui presque rien dans deux ouvrages où l'on devrait s'attendre, au contraire, à beaucoup trouver, l'*Histoire générale et raisonnée de la diplomatie française*, par le comte de Flassan [2], et l'*Histoire de l'empire ottoman*, par Joseph de Hammer [3], en revanche nous rencontrons d'abondants renseignements sur sa vie et sur ses missions

[1] Le nom de Germigny ne figure ni dans le *Dictionnaire* de Moréri, ni dans la *Biographie universelle*, ni dans la *Nouvelle Biographie générale*, etc. Signalons-le dans l'excellent *Dictionnaire historique de la France* par M. Ludovic Lalanne, et aussi dans l'*Encyclopédie populaire* de M. Pierre Conil (Paris, 1879, in-4⁰, p. 880).

[2] Première édition. Paris, 1608, 6 vol. in 8⁰ ; Seconde édition. Paris, 1811, 7 vol. in 8⁰

[3] Traduction de J.-J. Hellert. Paris, 1835-1844, 18 vol. in-8⁰. Hammer n'a pas manqué de rappeler (t. VII, p. 139) que le sultan Amurat III avait déjà donné l'ordre de changer en mosquées quelques-unes des églises de Constantinople consacrées au culte catholique, quand l'énergique intervention de Germigny le contraignit à retirer cet ordre, et à se montrer fidèle aux idées de tolérance que l'influence française avait réussi, depuis le règne de François Iᵉʳ, à faire prévaloir à la cour du Grand-Seigneur.

dans deux recueils publiés, l'un au xvii° siècle, sous le singulier titre de l'*Illustre Orbandale* [1], par le minime Léonard Bertaut [2], l'autre, de nos jours, sous le titre de *Négociations de la France dans le Levant*, par E. Charrière [3].

Je vais indiquer d'abord ce que ces derniers recueils nous apprennent de plus important et de plus curieux sur J. de Germigny. Je donnerai ensuite quelques documents inédits qui n'ont passé sous les yeux ni du Père Bertaut, ni de Charrière, et qui achèveront de nous faire connaître le diplomate bourguignon. Ces documents, dictés par le cardinal d'Armagnac et parfois écrits de sa propre main, nous permettent aussi de mieux voir dans le protecteur de Germigny des qualités de cœur dont les biographes n'ont pas assez parlé et sur lesquelles je suis tout heureux d'appeler l'attention. Les lettres de Georges d'Armagnac, qui ont été déjà publiées [4], montraient combien il fut un recommandable serviteur de la France, de la civilisa-

[1] *L'Illustre Orbandale ou l'histoire ancienne et moderne de la ville et cité de Châlon-sur-Saône enrichie de plusieurs recherches curieuses et divisée en éloges.* Imprimé à Lyon et se vend à Châlon-sur-Saône chez Pierre Cusset, marchand libraire, devant le Châtelet, in-4°, 2 vol., t. I, p. 67 et suiv. Voir sur cet ouvrage la *Bibliothèque des auteurs de Bourgogne*, par l'abbé Papillon (t. I, p. 44 et 163), la *Bibliothèque historique de la France* du Père Lelong, refondue par Fevret de Fontette (t. III, p. 450-451).

[2] Sur Léonard Bertaut, né à Autun, mort à Châlon-sur-Saône le 12 mai 1662, voir la *Description du duché de Bourgogne* par Claude Courtépée (1774-1785, 7 vol. in-8°).

[3] Dans la *Collection de documents inédits sur l'histoire de France*, 1853-1860. Voir le t. III (à partir de la page 719) et le t. IV (jusqu'à la page 307). Le recueil de Charrière, si justement loué par Michelet, qui en parle avec une sorte d'enthousiasme, complète et rectifie aussi bien l'ouvrage du baron de Hammer que celui de Flassan. En combien d'occasions, comme en la note de la page 569 du tome III, montre-t-il que l'historien français et l'historien allemand ont insuffisamment étudié les manuscrits relatifs aux affaires de la France dans le Levant!

[4] Voir notamment : *Lettres inédites du Cardinal d'Armagnac*, dans le tome V de la *Collection méridionale* (1874, in-8°) ; *Lettres inédites du même*, dans la *Revue historique* de 1876, (t. II, pp. 516-565) et de 1877, (t. V, p. 317-347). Il y aurait encore d'autres lettres inédites à publier de l'illustre prélat. Un savant travailleur, M. Barrès, conservateur de la bibliothèque et du musée d'Inguimbert, à Carpentras, en a réuni un certain nombre, spécialement relatives à l'histoire du Comtat-Venaissin. Puisse-t-il ne pas trop tarder à mettre entre nos mains un recueil qui sera si intéressant ! Sur de nombreuses et importantes lettres écrites à la cour de Rome par Georges d'Armagnac, pendant qu'il fut co-légat d'Avignon, puis archevêque de cette ville, imprimées par le Père Theiner, continuateur de Baronius, on peut consulter un remarquable article de M. Léonce Couture, dans la *Revue de Gascogne* de 1875, p. 341-378.

tion ; ses lettres intimes, mises en lumière aujourd'hui, montrent combien il fut un dévoué serviteur de ses amis. Les lettres précédentes nous faisaient admirer son génie ; celles-ci nous font admirer sa bonté, et le grand homme nous apparaît ainsi vraiment complet.

La première des pièces qui, dans l'*Illustre Orbandale*, s'appliquent au correspondant du cardinal d'Armagnac, est (p. 67) l'*Éloge de Monsieur de Germigny, Baron de Germoles, Conseiller du Roy et son Ambassadeur à la Porte du Grand-Seigneur*. L'éloge n'est pas éloquent, mais tous les détails désirables y sont réunis. L'auteur insiste sur l'amour que son héros eut tout d'abord pour l'étude (p.68) : « M. de Germigny dans ses premières années n'avoit point d'occupation que celle de l'estude, mesme dans un âge qu'elle fait horreur à la jeunesse, qui n'ayme que les jeux et les divertissements ; il avoit une grande intelligence des autheurs de l'ancienne Grèce et de l'ancienne Rome, mais son plus grand attachement estoit à cette partie de la philosophie qui forme les mœurs et qui prescrit les règles de la politique. Les maximes qu'il y avoit apprises ne luy furent pas inutiles, et le bon usage qu'il en fit le rendirent des plus considérables parmy ceux qui estoient à la suite de l'Éminentissime Cardinal de Bourbon. Sa conversation estoit douce et affable. Quoyque le lieu de sa naissance (Châlon-sur-Saône) ne luy en eut pas appris les règles, il ne laissoit pas d'avoir ce bel air et ce je ne sçay quoi qui fait l'agrément des compagnies. » Le Père Bertaut continue ainsi : « La vertu de M. de Germigny estoit trop vaste pour estre retenue dans l'hostel d'un prince de l'Église, qui ne put souffrir que tant de rares qualités d'un sien domestique fussent si longtemps cachées. Le récit qu'il en fit à Henry III, un des plus éclairez princes du monde, fut si avantageux, qu'il prit la résolution de se servir de luy [1]. »

L'historien de Châlon raconte (pp. 69 et suiv.) toute l'histoire de l'ambassade en Turquie de M. de Germigny et ajoute (p. 73) :

« Sa négociation estant finie il retourna en France chargé d'honneur et de gloire, mesme le Roy par un mouvement d'équité et de justice l'honnora du collier de l'Ordre ; mais toutes ces grandeurs qui peuvent occuper un esprit, et non pas le remplir ny le satisfaire, commencerent de luy donner un dégoust de leur vanité ; cette belle ame fut persuadée que les momens précieux qui restoient à sa vie se devoient plutost employer à frapper à la porte du Ciel par de

---

[1] Le président de Thou avait déjà dit (*Histoire*, Livre LXXVII, à l'année 1582) que Germigny avait été attaché à la maison du cardinal de Bourbon, et que ce dernier le fit nommer ambassadeur.

bonnes œuvres, qu'à négocier à la porte du grand Seigneur [1], et des lors il prit une ferme résolution de se consacrer entièrement au service de Dieu.

« Pour réussir dans ce dessein, se prescrivit un genre de vie si parfait, que ses exercices de piété et de misericorde l'occupoient la meilleure partie du jour, sans toutesfois se relascher de ses devoirs envers son prince. On le regardoit à la cour comme un modelle de vertu, et son exemple estoit si fort, que sa seule présence arrestoit l'humeur libertine des plus dissolus courtisans ; sa modestie d'un langage muet condamnoit le luxe de la Cour, et sa frugalité, ses profusions ; mais s'il estoit moderé dans sa suite et dans son équipage, c'estoient pour employer de semblables superfluitez aux œuvres de miséricordes ; il estoit peu de pauvres dans le grand espace de cette capitale du Royaume, qui ne ressentit les effects de sa liberalité, et comme si son estendüe ne fut pas assés vaste, Chalon fut encore le sujet de ses effusions : elle n'a point d'Églises qui ne portent les marques de sa piété, point de maisons religieuses qui ne le recognoissent pour bienfaicteur, point de pauvres honteux qu'il n'ait prevenu, épargnant leur honte par une industrieuse charité ; et quand la mémoire de ses ausmones s'effaceroit de l'esprit de ceux qui les ont receües, les fonds qu'il a laissé et les rentes annuelles qu'il ordonne leur estre distribuées, sont en characteres visibles dans les Archives de l'Église, et de l'Hostel de ville de Chalon, pour n'estre jamais oubliées, et pour conserver à la posterité le souvenir de ce grand homme d'Estat, et de ce grand homme de bien. »

A la suite de ce naïf éloge, qui nous laisse voir presque un saint dans l'ancien diplomate, nous trouvons le *Testament* (en douze pages in-4°, avec pagination spéciale) *de Messire Jacques de Germigny quand il vivoît, chevalier de l'ordre du Roy, son Ambassadeur en Levant, et seigneur de Germolles, natif de la ville et cité de Chalon.* Le testateur et sa femme, Jeanne Boullette [2], expriment ensemble leurs dernières volontés. Ils font un grand nombre de pieuses fondations et donnent notamment aux pauvres de la ville

---

[1] Ce jeu de mots était trop tentant pour qu'on ne pardonne pas au bon Religieux de ne l'avoir pas repoussé.

[2] Germigny, qui ne laissa pas d'enfants, mais seulement un frère et des neveux, l'institue son héritière universelle, l'appelant « ma tres chere et tres aymée femme et compagne. » Les armes des deux époux sont ainsi décrites à la marge de la page 67 du volume : « D'argent à la face d'azur chargée d'une teste de leopard d'or partie de sa femme qui est au lion de sable au dessous d'une face en devise de gueules au chef d'azur chargé de besans d'or.»

de Chalon-sur-Saône la somme de quatre mille écus. « Quant à nos corps, » déclarent-ils, « nous voulons et ordonnons qu'ils soient ensevelis et enterrez en l'Église cathédrale Saint-Vincent de Chalon et chapelle N. D. de Lorette, que nous avons ordonné estre bastie et parfaite au lieu où sont de present les fonds, et voulons que les obseques se fassent honorablement selon noz qualitez, où seront appellez toutes les paroisses... » Le double testament se termine ainsi : « Cejourdhuy samedy dernier jour du mois de novembre 1585 heure de deux heures apres midy en cestuy nostre chastel de Germolles, où il auroit plu à Dieu nous réunir ensemble apres si longue absence et retour heureux du Levant, dont nous louons sa divine bonté, le supliant nous faire la grace finir tranquillement le reste de nos jours ensemble, en observant ses saincts commandemens, le tout attribuant à sa louange et gloire, Amen. »

Germigny ne mourut pas en son *chastel de Germolles*. Un *Codicille* fait « par devant François Guillemot et Lambert Chartrain, Notaires du Roy nostre Sire au Chastelet de Paris, » nous apprend (p. 8) que « le deuxiesme jour du mois de décembre dernier passé, il partit dudit Germolles pour venir en cette ville de Paris, » et qu'il est « logé au logis de Monsieur Nicolas, Secrétaire du Roy, assis rue Betisi paroisse Saint-Germain de Lausserrois, gisant au lict malade de corps, toutesfois sain de pensée, memoire et entendement. » Notons dans ce codicille le désir exprimé par le mourant « que incontinent après que son âme sera séparée de son dit corps, » il soit embaumé, « et qu'il soit achepté un chariot pour le conduire audit Germolles.» Notons-y encore le don à ses amis, « Monsieur de Haillan » d'un tapis oriental[1], et « Monsieur de Climent » d'une « espèe turque, et la plus belle qu'il vit jamais, qui lui sera remise par la dite dame, son épouse. »

Germigny ne survécut que très peu de jours à cet acte, car nous lisons, à la suite d'un second codicille, daté du 14 janvier 1586, la déclaration que voici :

« Aujourdhuy en la présence des Notaires du Roy nostre Sire au Chastelet de Paris soubsignez sont comparus en leurs personnes nobles hommes Maistre Bernard de Girard, seigneur du Haillan, Conseiller du Roy, Secrétaire de ses finances et historiographe de France, demeurant à Paris rue Sainct-Honoré, où pend pour enseigne

---

[1] Déjà, dans son testament (p. 5), Germigny laissait à ses exécuteurs testamentaires « un tapis cayrin ou persien pour mettre sur une table et l'une de nos chiennes à long poil, qu'ils accepteront s'il leur plait, en mémoire de l'amitié, etc. »

le Lion d'Or, paroisse de Sainct-Germain l'Auxerrois [1], Michel Duval, Maistre d'Hostel, Robert Lyon, valet de chambre, et Michel Abelle, page dudit deffunct sieur de Germigny, tous lesquelz ont declaré et attesté certifié et affirmé par vérité, que le feu Messire Jacques de Germigny, vivant chevalier sieur de Germolles a éleu et nommé ses exécuteurs pour exécuter sesdits codicilles Messieurs Viard et Plastrier à ce que séroit besoin et nécessaire à exécuter en cette ville de Paris pour ses obseques et funerailles, etc. Fait et attesté l'an 1586 le mardy 21e jour du mois de janvier apres midy. »

Nous voyons par là que Germigny était mort entre le mardi 14 et le mardi 21 janvier 1586. Cette date, jusqu'à présent inaperçue, devra désormais être rappelée dans toute notice sur notre personnage [2].

Le Pére Bertaud reproduit ensuite le *Recueil des pièces choisies extraites sur les originaux de la négotiation de M. de Germigny, de Chalon-sur-Saône, Baron de Germoles, conseiller du Roy, et son Ambassadeur à la Porte du Grand Seigneur* [3]. On y remarque : le *passeport expédié par S. M. à M. de Germigny pour son ambassade en Turquie,* du 22 avril 1579 [4]; l'*Instruction à M. de Germigny sur*

---

[1] Connaïssait-on la rue et la maison où demeurait en 1586 l'auteur de *l'Histoire générale des rois de France?* Germigny s'était sans doute lié avec B. de Girard à Constantinople, où ce dernier avait accompagné François de Noailles dans sa glorieuse ambassade. Voir à ce sujet *Lettres inédites de François de Noailles, évêque de Dax* (1865, in 8o, p. 66).

[2] Rapprochons de cette indication une autre indication sur la date précise de la naissance de Germigny. Dans l'*Epitaphium Domini de Germigny* (p. 12), où le défunt lui-même a la parole et annonce à tout venant qu'il était d'une extraction médiocre, mais honnête (*humili, sed honesto genere natus*) et où il joue sur les mots (*honore cum onere*), on lui fait dire : *Vixi annos LIII menses XI dies XIIII.* Tout près de l'épitaphe figure un acte d'accusation contre les médecins qui ont tué Germigny en lui tirant trop de sang. Voici les premières lignes de cette foudroyante apostrophe : *Nimis mali estis, mali medici, qui malum sanguinem exhaurire putantes, boni Jacobi Germignii, equitis aureo torquati conchilio, hominis supra hominem fœlici, et eleganti ingenio prædicti, atque ad modestiam magnanimitatem cæterasque virtutes omnes nati, bonam vitam exhausistis...* Ces imprécations sont couronnées par une cruelle injure : *mali medici, qui pro clinicis vespillones estis.* Rappelons que Gassendi mourut victime de treize saignées (*Documents inédits sur Gassendi,* dans la *Revue des questions historiques* du 1er juillet 1877, p. 233 et tirage à part, p. 25).

[3] 1661 (avec privilège du Roi), in 4o de 132 pages, plus deux pages non numérotées pour la *Table des lettres et autres pièces contenues dans le recueil de la négociation de Monsieur de Germigny.*

[4] « S'en allant présentement nostre amé et feal le sieur de Germigny, baron de Germoles, l'un de nos conseillers et maistre d'hôtel ordinaire, ès païs de Levant, où nous l'envoyons pour résider de notre part Ambassadeur à la porte du Grand-Seigneur, etc. »

sa négotiation ; l'Estat des présents faits par le sieur de Germigny, Ambassadeur pour le Roy en Levant, à son arrivée à la Porte du Grand Seigneur, tant audit Grand Seigneur, [et à] Mehemet, lors premier Bassa, qu'aux officiers de ladite Porte et dudit Bassa, pour lesquels présents a esté baillé audit sieur de Germigny par le Trésorier de l'Espargne de S. M. la somme de quatre mille escus [1]; diverses lettres du roi Henri III au grand Seigneur (25 avril 1579), à la Seigneurie de Raguse, à la Seigneurie de Venise (30 avril), de nombreuses lettres de Germigny au Roy, à la reine-mère [2], au Grand-Maître de l'Ordre de Malte, etc. les réponses de Henri III à son ambassadeur [3]; les *Capitulations du Roy avec le Grand Seigneur, confirmées et renouvellées à l'instance de M. de Germigny, Conseiller et Ambassadeur, résident pour S. M. à la Porte de Sa Hautesse,* du mois de juillet 1581; la *Relation dudit sieur de Germigny de sa charge et légation de Levant, présentée au Roy le 30 mars 1585* [4];

[1] Parmi les présents, dont l'énumération n'occupe pas moins de quatre pages, signalons. pour le Grand Seigneur, « un horologe sonnant les quarts d'heures et monstrant tous les mouvements du Ciel, avec un Réveil, achepté à Paris, de la valeur de six cents escus, deux robbes de velours cramoisy achepté à Venize (104 écus), deux robbes de brocatel (78 écus), deux robbes de satin cramoisy (52 écus), etc. » Il faut rapprocher de cette liste celle des présents de six robes de velours et six robes de drap d'or frisé dont il est question dans une lettre de F. de Noailles à la reine-mère. de la fin de 1571 (*Négociations*, t. III, p. 218). Voir (*Ibid.*, p. 451) sur l'influence qu'avaient les présents en Turquie une lettre de l'évêque de Dax au roi, de novembre 1573, où est spirituellement rappelé le fameux vers :

Munera, crede mihi, placant hominesque deosque.

Le Grand Seigneur appréciait fort les produits de l'industrie parisienne en fait d'étoffes, car il demande jusqu'à trois fois à Henri III « qu'il luy plaise lui vouloir envoyer quelques pièces de ces beaux draps de Paris, desquels il semble qu'il doit mourir de désir. » Germigny était arrivé à Constantinople le 10 septembre 1579.

[2] Catherine de Médicis (p. 78) recommande à l'ambassadeur de lui envoyer « des petits nains bien formez qui sont à Constantinople. »

[3] Dans une lettre du 22 avril 1582, Henri III (p. 56) annonce à son ambassadeur le probable mariage du duc d'Anjou avec la reine Élisabeth : « Mon frère le duc d'Anjou est passé en Angleterre, où il est très honoré, et caressé de la Reyne dudit pays, de sorte qu'il y a apparence plus grande que jamais que ledit mariage s'en ensuive ; par le moyen duquel mon royaume sera d'autant plus appuyé et fortifié. » Charrière, qui a emprunté beaucoup de documents à l'*Illustre Orbandale* a cité ce passage, et aussi un piquant passage d'une autre lettre de Germigny (t. III, p. 824) où ce dernier rapporte un propos irrévérencieux et original que lui tint le premier bassa au sujet du projet de mariage du duc d'Anjou avec une « reine jà surannée, etc. »

[4] Cette *Relation* a été réimprimée dans le t. X des *Archives curieuses de*

la *particulière description de la Porte du Grand Seigneur, présentée à Sa Majesté par M. de Germigny*, mémoire très détaillé, qui s'étend de la page 96 à la page 118, et qu'il faut mettre au nombre des meilleures notices qui aient été écrites sur la Cour de Constantinople, une *lettre du Roy adressée à M. le Comte de Charny, grand escuyer de France, sur la résolution prise par sa dite Majesté, d'honorer le sieur de Germigny du cordon de son ordre de Saint-Michel ; l'Instruction à M. le comte de Charny, sur les cérémonies qu'il conviendra observer dans la réception du sieur de Germigny en l'ordre du glorieux Saint-Michel, duquel il a pleu à S. M. l'honorer ;* la *Forme de serment presté par M. de Germigny en sa promotion à l'ordre du glorieux Saint-Michel ;* enfin (p. 123-132) un *Discours sur l'alliance qu'a le Roy avec le Grand Seigneur, et de l'utilité qu'elle apporte à la Chrestienté*, document qui pourrait encore être utilement consulté par ceux qui s'occupent de l'éternelle question d'Orient [1].

Le recueil du Père Bertaud ne renferme que des pièces relatives à l'ambassade de Germigny. Mais cette ambassade avait été précédée de plusieurs missions à Constantinople qui, à diverses époques, lui avaient été confiées. On le trouve déjà employé en Turquie dès l'année 1558 : il est mentionné dans une lettre écrite, en cette année-là, par un de ses devanciers, M. de la Vigne, lequel le traite d'une manière infiniment peu avantageuse et à *la Turque*, pour me servir du bon mot de Charrière. [2] Ajoutons avec le judicieux éditeur que « ce témoignage ne tire pas à conséquence, venant de la part d'un homme

---

l'Histoire de France, par L. Cimber et L. F. Danjou. Les lettres de rappel, du 9 juin 1584 (p. 82) débutent ainsi : « M. de Germigny, ayant considéré l'instance que vous m'avez cy-devant faite de vous en revenir, estant expiré le terme de vostre légation, j'ay choisy vostre successeur en cette charge le sieur de Lancosme. »

[1] Voici les premières lignes du morceau : « Après avoir faict voir par le précédent discours [*La particulière description* mentionnée plus haut] quelle est la puissance et grandeur de la monarchie des princes Ottomans, j'ay creu estre à propos de faire cognoistre les raisons qui obligent le Roy d'entretenir l'amitié que les Rois ses prédécesseurs ont contractée depuis cent ans en ça... »

[2] *Négociations dans le Levant*, t. II, p. 461, note. Voici le passage où l'ambassadeur de Henri II arrange si mal à la fois le sieur de Codignac, qui avait été mêlé aux affaires d'Orient dès l'époque de François Ier, et le sieur de Germigny : « Il [Codignac] a laissé ici cinq à six mauvais garçons, lesquels pour les en faire partir j'ay quasi aultant de peine que j'ay eu de luy-mesmes, mesmement un nommé Germigny, qui est de Challons, qui a eu la hardiesse, cinq ou six foys et encore hier, de se trouver avec le bassa pour faire des menées contre moy, lequel j'espère aujourd'huy mettre en gallaire, affin que V. M. publiquement le fasse pendre et estrangler pour exemple a la Court. »

aussi passionné que cet ambassadeur [1]. » Nous retrouvons le nom
de notre diplomate dans une lettre de François de Noailles, écrite
de Constantinople à Charles IX, le 10 juin 1572, dans une autre
lettre de l'illustre négociateur écrite de Raguse au duc d'Anjou le
13 janvier 1573, dans une lettre de Charles IX, du 30 novembre
1572, adressée à l'évêque de Dax et que Germigny était chargé de
lui apporter, avec des instructions verbales du roi, dans une lettre
de ce dernier prélat à Catherine de Médicis, où, à la date du 12 mars
1523, il rend compte à la reine-mère de la présentation du sieur de
Germigny au Grand Seigneur ; enfin dans une lettre de Charles IX à
M. du Ferrier, ambassadeur à Venise, du 30 janvier 1574, laquelle
nous révèle une nouvelle mission en Turquie de celui qui faisait ainsi
l'apprentissage des hautes et délicates fonctions qui allaient lui être
réservées [2].

Charrière, après avoir rappelé (t. III, p. 724) que Germigny avait
été mêlé à toutes les affaires importantes des ambassades anté-
rieures, constate que « son arrivée à la Porte coïncidait avec un ensemble d'événements qui devaient donner une grande portée politique
à ses négociations, » et consacre à ces négociations de nombreuses
pages [3]. Nous ne le suivrons pas dans ses analyses et dans ses annota-
tions des dépêches du nouvel ambassadeur, extraites, les unes, de
l'ancienne collection Harlay (Bibliothèque Nationale), les autres de
l'*Illustre Orbandale*. Germigny ne fut pas heureux dans toutes ses
démarches. La faute doit en être imputée moins à son zèle et à son
talent qu'aux fatales difficultés des circonstances [4]. C'est l'occasion
de citer en l'honneur de sa mémoire ces mots de Paul de Foix, archevêque de Toulouse, ambassadeur à Rome, écrits au moment même

[1] Charrière avait déjà constaté (t. II, p. 460) que « M. de la Vigne se livre
toujours à de violentes récriminations contre ses collègues. » A le juger
par sa correspondance, c'était le plus détestable caractère qu'il y ait jamais
eu dans la diplomatie.

[2] Voir d'autres mentions du nom du futur ambassadeur, t. III, pp. 271,
286, 290, 346, 349, 470, 515, 559, 563, 574, 576, 656. En cette dernière page
on voit (Lettre d'Arnaud du Ferrier du 26 mai 1576) que Germigny était dé-
signé, dès cette époque, pour occuper le poste où il ne devait se rendre
que trois ans plus tard.

[3] T. III, p. 724-730 et *passim*, de la page 814 à la page 944, et t. IV,
passim, de la page 5 à la page 307. Charrière n'a pas manqué de signaler
(t. III, p. 914, note 1) « les détails précis et curieux » que fournit la correspondance de Germigny.

[4] Je sais bien que le président de Thou s'est montré, dans le livre LXXVII
déjà cité de son *Histoire*, assez défavorable à Germigny. Mais, au bout du
compte, le plus grave reproche qu'il lui adresse, c'est de n'avoir pas été à
la hauteur des deux frères François et Gilles de Noailles. Le malheureux
Germigny a été victime de l'écrasante supériorité de ses devanciers.

où Henri III, jugeant plutôt les incomplets résultats que les généreux efforts, était déjà décidé à révoquer son représentant : « L'évesque de Nole, venu naguères de Constantinople, a remply toute cette cour des louanges du sieur de Germigny, et entre autres du grand zèle qu'il a à la conservation et soulagement des chrestiens de par delà [1]. »

Il me reste à dire un mot des documents qui vont suivre. J'ai eu le plaisir de les trouver dans un manuscrit de la Bibliothèque nationale qui paraît avoir échappé à tous les chercheurs, car je ne le vois cité nulle part. Ce recueil, inscrit dans le fonds français sous le n° 4125, est formé de diverses lettres écrites par Germigny à divers personnages [2], et de lettres qui lui furent adressées par son protecteur et ami le cardinal d'Armagnac, lettres dont la trop courte série est comprise entre ces deux dates : 22 janvier 1574- 8 janvier 1585. A la suite de ces documents, j'ai cru devoir reproduire, d'après l'*Illustre Orbandale*, quatre lettres où le cardinal entretient successivement Henri III, Catherine de Médicis, le cardinal de Bourbon et M. de Villeroy, des services et des mérites de Germigny. Le recueil du père Bertaut est si peu répandu, que ces quatre lettres, qui complètent ma petite gerbe, auront aux yeux du plus grand nombre des lecteurs la même nouveauté que les documents ici pour la première fois mis en lumière.

PH. TAMIZEY DE LARROQUE.

I

Monsr de Germigni, par voz lettres du VIIe de novembre qui me furent rendues le XVIe de ce mois, j'ay bien veu la maulvaise addresse que toutes mes precedentes ont eu puisque vous n'avès poinct eu de mes nouvelles il y a long temps, encores que je vous aye escrit par plusieurs fois, qui est cause que je me doubte que Monsr de la Loypiere est mal servy à Venise ou que ceulx qui recoivent des pacquectz, cuydantz que vous soyez en chemin pour retourner en France les retiennent entre leurs mains, comme à la vérité l'on tient à la cour que vous serez rappellé et que Monsr de

---

[1] *Lettres de messire Paul de Foix, archevesque de Tolose, ambassadeur auprès du Pape Gregoire XIII*, Paris, 1628, in-4°, p. 578. Conférez *Recherches historiques et critiques sur la Compagnie de Jésus en France du temps du P. Coton*, par le R. P. M. Prat (t. III, 1876, p. 94).

[2] Notamment à la reine-mère, de Pera, le 7 janvier 1580 (fo 12), au Cardinal d'Este ou de Ferrare, des Vignes de Pera le 7 juillet 1582 (fo 14), à Tavannes, de Paris le 22 janvier 1578 (fo 17), à de Montholon, de Paris 10 janvier 1584, etc.

L'Ysle [1] s'en ira resider à Constantinople [2], mais quoy qu'il en soit je seray tres aise de me veoir quelque occasion de vous fere plaisir, et vous fere paroistre la scincere et perfaicte amystié que je vous porte, pour commencement de demonstration de laquelle je vous ay donné, il y a environ quatre ou cinq mois, le benefice d'Ondes, en mon diocese de Thoulouse [3], afin que vous ayez plus de moyen d'entretenir l'un de vos nepveuz aux estudes [4], et vous promectz que je ne m'espargneray jamais en plus grand chose quant vous me vouldrez employer, vous priant bien fort que nous ayons quelquefois de voz nouvelles et qu'en toutes choses vous vueilliez fere estat de celluy qui prie Dieu de vous donner, Monsr de Germigni, en bonne santé longue vie.

D'Avignon le xxiie de janvier 1574.

Vostre plus affectionné ancien et vray amy [5],

C. CARD. D'ARMAIGNAC [6].

II

Monsr de Germigni, je ne sçay si les lettres que je vous ay escriptes cy devant ont esté perdues ou retenues, mais je vous puis bien asseurer que c'est icy la huictiesme ou dixiesme que je vous ay faicte, me sentant si estroictement obligé à vouz de tant de beaux discours que vous m'avez faict veoir [7] que tant s'en fault que je voulusse oublier la response, et je ne desire rien tant que de me veoir quelque moyen de fere demonstration par effectz de la bonne et sincere amystié que je vous porte, et si Dieu nous donne la paix qui nous est si nécessaire et dont vous monstrez avoyr esperance par voz lettres du viie qui me furent rendues hier, je me promectz de vous veoir et vous fere toucher au doigt ce que j'ay en cela dans l'interieur de mon cueur, me trouvant aussi esbahi que les lettres de vostre bon amy l'archidiacre Patris [8] ayent esté perdues comme les miennes, car non

---

[1] C'était Gilles de Noailles, qui était alors appelé l'abbé de l'Isle.

[2] François de Noailles quitta Constantinople le 13 octobre 1574. C'est son frère et successeur qui indique cette date dans une lettre à Henri III du 26 du même mois (*Négociations*, t. III, p. 589).

[3] Aujourd'hui commune du département de la Haute-Garonne, canton de Fronton, arrondissement de Toulouse, à 26 kilomètres de cette ville.

[4] Deux neveux de Jacques de Germigny sont mentionnés dans son testament, Isaac, fils de François de Germigny, et Etienne, fils de feu Nicolas de Germigny.

[5] Cette aimable formule est autographe.

[6] F[o] 50. Germigny a écrit de sa main au dos de la lettre : *Receue à Venise le 17 mars*.

[7] Cet éloge si flatteur est à joindre à tous les autres éloges qui ont été donnés aux relations de Germigny.

[8] Est-ce là ce Guillaume de Patris dont le mystérieux assassinat aurait, selon quelques historiens, causé la mort du cardinal d'Armagnac, qui l'aimait beaucoup ? Voir sur ce qui a été raconté à cet égard l'*Introduction*

seullement parce qu'il vous estime, prise et honnore selon voz valleurs, mais aussi à cause de la bonne volonté qu'il sçait que je vous porte, je vous veulx respondre qu'il vous a escrit souvent et qu'il continuera comme moy de vous souhaicter honneur, advancement et grandeur, et de prier Dieu de tout mon cueur (après vous avoir recommandé de nous escrire souvent) de vous donner, Monsr de Germini, en parfaicte santé bonne et longue vye.

D'Avignon le dernier jour de janvier 1576.

Vostre meilleur et aultant affectionné à vous aymer et honorer que aultre qui vive,

G. Card. d'Ar^{ac} [1].

III

Mgr de Germigni, voz lettres du premier de ce mois me furent rendues le xxiiie comme aussi quelques jours auparavant j'avois receu celles du xxvie du passé, lesquelles ont esté aultant aggreables qu'elles viennent de vous et nous donnent quelque scintile [2] d'esperance de paix, qui nous est en ce pays bien necessaire pour le solaigement du peuple qui est entièrement ruyné, et où les ennemis s'assamblent à grandes troupes, menent l'artillerie, batent les places, et encores depuis quatre ou cinq jours ont prins ung chasteau nommé La Roche qui leur estoit de quelque importance pour le passaige, assaillent et deffendent comme bon leur semble, et fon toutes choses sans trouver aucun obstacle, de sorte que noz forces de ce pays s'en estoient allées mestre le siège devant Antrechaux que quelques traitres ont occupé sur nous [3]. Mais ceulx de Dauphiné se sont trouvez tant à loisir que environ quatre ou cinq cens chevaulx et environ six ou sept cens harquebuziers vindrent sabmedy lever le siège, de sorte qu'ils se meslent de noz afferes encores qu'ilz n'en soient recherchés, ny de nos huguenots fugi-

---

aux *Lettres inédites du cardinal d'Armagnac* (1874, p. 46-48), et la savante note dont le R. P. Dom Paul Piolin a enrichi mon volume (*Appendice*, p. 133). En écrivant ici le nom du vénérable éditeur et continuateur du *Gallia Christiana*, je tiens à dire que plus que jamais il a droit à mon respectueux dévouement et à ma cordiale reconnaissance.

[1] Cette dernière abréviation est causée par le manque de papier, le cardinal n'ayant pas voulu revenir à la ligne. La lettre (f° 51) est adressée « A M. de Germigny gentilhommé servant du Roy et de Monseigneur le cardinal de Bourbon, en Court. »

[2] De *Scintilla*, étincelle.

[3] Entrechaux, commune du département de Vaucluse, arrondissement d'Orange, canton de Malaucène, à 7 kilomètres de cette ville. Sur l'affaire d'Entrechaux voir l'*Histoire des guerres excitées dans le comté Venaissin et dans les environs par les calvinistes du XVIe siècle,* ouvrage du P. Justin, édition de 1859, Carpentras, in 12, p. 362. La lettre du cardinal d'Armagnac, qui est ici une page d'histoire, va devenir tout à l'heure une page auto-bio-graphique et présente ainsi un double intérêt.

tifs ny de nos autres, de quoy j'escrirois fort souvent au Roy n'estoit que les chemins sont si empeschez qu'il est bien difficil de fere passer ung pacquet, et les ennemis font si grand cas des lettres qu'ils interçoivent, que j'ay mieulx aymé jusque icy estre plus retenu à escrire que de porter aucun préjudice au service de Leurs Majestez, de quoy vous leur pouvez dire quelque mot, et que nous ne sçavons encores ce que Monsieur le Mareschal de Dampville aura resolu avec les Huguenots èt leur assemblée de Montaignac, pour leur reconciliation ou rupture.

Au reste, je n'escris pas à Monsieur l'archidiacre de Cunques [1], à cause que les estatz aiantz esté congediés selon l'advis que m'en avez donné, je me doubte qu'il aura reprins soñ chemin de Rergue (*sic*), et que vous m'aurez faict ce plaisir de bien acheminer ou pour mieulx dire, parfaire ce qui touche mon don de dix mille livres par an, et où il resteroit encores quelque chose, faictes, je vous prie, que j'en sorte ou par composition avec Castille, receveur general du clergé, ou par arrest du conseil privé comme je vous ay autrefois escrit, ou par une particuliere et expresse declaration que Sa Majesté fera au dit Castille et ses commis, qu'elle entend que je me paye par mes mains, ordonne que mes quictances seront receues pour deniers contents, et deffend à tous magistratz de proceder à aucune saisie de mes biens pour debte de decimes, pourveu que je leur face promptement apparoir que je ne doibs pas davantage que ce à quoy mon dict don revient, et d'aultant que l'accord avec le dit Castille me semble le meilleur, plus promp et plus asseuré moyen, je laisse à vostre discretion de luy fere ung present, ou en user aultrement tout ainsi que vous adviserez, sur quoy je vous dirai que Monsr l'evesque de Thoulon [2] m'a mandé que l'instance que messieurs du clergé font que toutes pensions soient revocquées pourra rendre difficile ma poursuite, mais puisqu'il n'est pas croyable que le Roy prive Messieurs les cardinal de Bourbon et de Guyse de trente mil livres qui prennent tous deux, je ne puis pas craindre que je soys seul mal traicté, tant pour mon aage [3] et la longue et continue affection que j'ay au service du Roy, que pour l'extreme besoing que j'en ay, joinct que m'attends que mon dit Seigneur le cardinal de Bourbon, qui a esté le commencement, sera aussi par votre moyen la fin, et quant les dites pensions seroient revoquées, suivant l'advis dudit sieur de Toulon, j'ay oppinion que ce seroit pour l'advenir, que je ne serois pas frustré des arrairages qui me sont ja acquis, revenant à vingt mille et tant de livres, à quoy je vous prie prendre garde, et ne vous lasser à vous y employer, et que je me ressente du fruict de la diligence que vous apportez au maniement de tous afferes, qui est tout ce que je vous puis dire, après avoir prié Dieu de vous donner, Monsieur de Germigni, heureuse et bonne vie.   D'Avignon, le xxviiiᵉ de apvril 1511.

De la main du cardinal:

[1] Conques, chef-lieu de canton du département de l'Aveyron, arrondissement de Rodez, à 39 kilomètres de cette ville.

[2] Guillaume du Blanc, qui siégea de 1572 à 1588. Voir *Introduction* aux *Lettres du cardinal d'Armagnac*, p. 47.

[3] Georges d'Armagnac, né en 1500 ou 1501, avait donc alors au moins 76 ans.

Je vous puys asseurer que je ne jouys dès revenus de Thoulouze, Rodez et Vabres, et non moins j'ay aussi le titre de quelques abbayes, aumoneries et priorés que les ennemys joissent comme chouse propre à eulx, et qui pis est j'ay une belle baronie qui est de mon patrimoine, laquelle les ennemys et mes subgects qui sont huguenots la tenoit et tient pas force il y a tantoust six ans, et [mot illisible, peut-être : n'ay] de quoy je ne puys entretenir icy, où je n'ay que le palaix pour ma demeure sans aulcuns fruicts ny bienfaicts que du pape qui m'a donné, puys deux mois, l'archevesché d'Avignon [1], à partager les fruicts avec Monsieur le cardinal de Farnetz [2], et, s'il ne plaist au Roy et la Royne et Monseigneur le cardinal de Bourbon. je puys bien dire que je suis le plus paouvre preslat de France [3]. Aidez donc, Monsieur de Germigny à celluy, qui est tousjours

Vostre bon et affectionné vray amy,
G. Card. d'Armaignac [4].

IV

Monsr de Germigni, je me suis si fort ressenti de vostre absence de la Cour que depuis vostre partement et le séjour que vous avez faict en Bourgongne chez vous [5], je n'en ay eu non plus de nouvelles que si j'estois en Levant, dont je me suis trouvé en la peine que vous pouvez penser, pour l'importance que ce nous est icy de sçavoir ce qui se faict près du Roy et

---

[1] Félicien Capitone était mort en Italie le 7 janvier 1577 (voir *Notice biographique sur Monseigneur Félicien Capitone, archevêque d'Avignon, par le marquis* JEAN ERNOLI DE CARNI, traduit de l'italien. (Marseille, 1875, brochure grand in-8°, p. 14). On a souvent mis en 1576 la mort de Capitone et la nomination de son successeur. Je m'accuse d'avoir adopté (*Introduction aux Lettres inédites du cardinal d'Armagnac*, p. 42) l'erreur du *Gallia Christiana* (t. I, col. 833). Comme le correspondant de Germigny nous l'apprend ici lui-même, sa nomination, remontant à *deux mois*, est de février 1577. François Nouguier (*Histoire chronologique de l'Eglise, évesques et archevesques d'Avignon*, 1670, in-4°) ne se contente pas de faire mourir Capitone en 1576 ; il le fait encore mourir à Avignon et ajoute qu'il fut inhumé dans la métropole de N.-D. des Doms. La vérité est que le prédécesseur de Georges d'Armagnac mourut à Capitone et que son corps fut déposé dans l'église paroissiale de Saint-André. Le Père Justin avait déjà rappelé (p. 361) que Capitone mourut en Italie au commencement de l'année 1577.

[2] C'est-à-dire Farnèse (Alexandre de), né à Rome le 7 octobre 1520, mort le 2 mars 1589. Il avait obtenu l'archevêché d'Avignon en 1535 et, même après l'avoir échangé contre d'autres grands bénéfices, il en avait en partie, comme on le voit, gardé les revenus.

[3] Déclaration qu'il est bon d'opposer à ceux qui, éblouis par la longue et fastueuse liste des abbayes, évêchés et archevêchés possédés par le cardinal d'Armagnac (voir l'*Introduction* citée dans la note précédente, p. 7), ont cru qu'il jouissait des rentes les plus considérables.

[4] F° 52.

[5] Probablement au château de Germolles (aujourd'hui Saône-et-Loire).

puisque par voz lettres que m'avez faict tenir de chez vous que j'ai seulement receues il y quatre ou cinq jours, vous me donniez esperance de partir le v⁰ de ce mois pour vous y en retourner, je vous prie reprendre voz
premiers arrementz, me faire les premieres démonstrations que vous avez
cy devant faites, ne doubter de mon amitié de laquelle je vous feray ressentir à toutes les occasions qui s'en presenteront, et croire que vous fruirez [1]
aussi librement de moy comme de bon cueur je me recommande à vostre
bonne grace et prie Dieu de vous donner, Mongr de Germigni, heureuse
et longue vie.

D'Avignon le xxiii⁰ de juillet 1577.

Vostre bon et ancien affectionné amy,
G. Card. d'Armaignac [2].

V

Monsgr de Germigni, je vous escrivis le xiiii⁰ de ce mois par le Sr de
La Verriere, et combien qu'il ne me soit survenu chose quelconque d'im·
portance, si est ce que pour tesmoinaige de la continuation de mon amitié
et bienvueillance envers vous, je vous ay voulu dire que nous ne sommes
pas encore asseurez si la paix s'establira par deça pour que ceulx de Daulphiné s'assemblent à Gap pour y délibérer, et moins encores sçavons nous
si la place de Minerbe [3] sera rendue bien qu'il soit expressement porté par
l'un des articles secretz, car Sainct Auban [4] qui l'a occupée et qui.tient pri·

---

[1] Du latin *fruor*, user, jouir. Le *Dictionnaire de Trévoux* n'a recueilli que
le mot *fruition*, synonyme de *jouissance*.

[2] F⁰ 53. Cette lettre est accompagnée de ces mots, tracés par Germigny ;
« Ma fille, je t'envoye la presente affin que tu scache que Mgr le cardinal
d'Armaignac m'a mandé de bouche que s'il ne vaque bientost quelque bon
benefice pour me donner, qu'il escripra au Roy de m'accorder une pension
de trois ou de quatre cens esculz par an sur son archevesché de Toulouze,
qui sera peut-estre cause de me faire demeurer icy à l'attente quelques
jours davantage qui me faict te pryer avoir un peu de patience et ne te
point ennuyer de mon absence veu que Dieu fait toutes choses pour le mieux

Ton petit serviteur
Germigny.

A qui ce billet, dont les dernières lignes sont si affectueuses et si charmantes, est-il adressé? Germigny l'écrivait-il à sa propre fille et aurait-il
eu le malheur de la perdre avant l'époque où il rédigea son testament, lequel,
comme on l'a vu, ne mentionne aucun enfant du testateur ? Le billet était-il
destiné à la nièce du futur ambassadeur, qui aurait été sa fille adoptive, et
qui figure dans le testament sous le nom de Jeanne de Germigny, sœur d'Isaac
et fille de François ?

[3] Aujourd'hui Ménerbes, commune du département de Vaucluse, arrondissement d'Apt, canton de Bonnieux, à huit kilomètres de cette ville.

[4] Sur Pape de Saint-Auban et sur les autres personnages nommés dans
cette lettre, voir l'*Histoire* du Père Justin, où sont si exactement résumés

sonnier Ferrier avec plusieurs autres avec lesquelz nous estions d'accord[1], dit qu'il ne recognoist autre commandement que de Leydiguieres[2], de façon qu'il nous semble necessaire que le Roy de Navarre depesche icy ung de ses favoris tant de sa part que de Monsieur le prince de Condé, de quoy je desirerois qu'il plust à Leurs Majestez escrire ausdits seigneurs Roy et prince et que vous en fissiez la sollicitation, ensemble pres de Monseigneur le légat que je prie aussi de fere instance, et surtout vous me ferez singulier plaisir de me tenir souvent de voz nouvelles, et user librement de ce qui est au pouvoir de celluy qui, se recommandant à vostre bonne grace, prie Dieu de vous donner,

Mong^r de Germigni,

heureuse et longue vie.

D'Avignon le xxviiie d'octobre 1577.

Vostre bon et entièrement meilleur amy à vous honorer,

G. CARD. D'ARMAIGNAC[3].

VI

Monsr de Germigni, puisque je vous ay escrit depuis huict jours trois ou quatre fois et que je n'ay poinct eu de vos nouvelles, ceste cy ne sera que pour vous semondre de nous en fere part, et vous asseurer de la continuation de ma volunté à vous fere plaisir quand les occasions s'en presenteront, et que vous me vousdrez employer, de quoy ne cuydant qu'il soit pas besoing de vous rendre autre tesmoinaige que celluy que vous verrez par les effectz, je prieray Dieu de vous donner, Monsr de Germigni, bonne et longue vie.

D'Avignon le viie de novembre 1577.

[De la main du Cardinal]

Je vous prie de voir souvent Monsr le Nonce et Monsr de Foix[4], les priant d'avoir en leur mémoire les despesches qu'il fault havoir du Roy et du

---

les récits imprimés ou inédits que l'on possède des guerres de religion dans le Comtat.

[1] Les habitants de Ménerbes pillaient les habitants du Comtat. Le cardinal d'Armagnac s'en était plaint à Ferrier, ce dernier répondit, selon le P. Justin (p. 363) que ses gens, n'ayant point de bois pour chauffer leurs fours, étaient obligés d'aller chercher du pain cuit ailleurs. Voir sur le long siège de Ménerbes, auquel assista Jean de Monluc, évêque de Valence, les pages 369 à 371 de l'*Histoire* du P. Justin.

[2] Il s'agit là de François de Bonne, le futur duc et connétable de Lesdiguières.

[3] F^o 54.

[4] Paul de Foix, qui en cette même année 1577, fut nommé archevêque de Toulouse, et qui, deux ans plus tard, allait être envoyé à Rome en qualité d'ambassadeur.

Roy de Navarre et Monsieur le prince de Condé pour le faict de Mynerve [1]
et des nostres selon ce que je leur en ay escript bien souvent.

Vostre bon et vray amy,
G. CARD. D'ARMAIGNAC [2].

VII

Monsr de Germigni, voz lettres du premier et x[e] de ce moys m'ont esté
rendues fidèlement, pleines de démonstration de la bonne volunté que vous
avez de ne vous lasser jamais de me fere entendre avec ung grand contentement les particularitez de ce qui se passe à la Court, en quoy je recognois
tant d'avantaige non seulement pour ce qui me touche en privé, mais pour
le bien des afferes publicz, que je vous prometz comme j'ay desja faict par
plusieurs fois que je tascheray de vous faire paroistre du plaisir que ce m'est,
et vous fere ressentir du fruict de mesdites promesses, ce que vous experi-
menterez aux premières occasions qui s'en presenteront à celluy qui prie
Dieu de vous donner, Monsr de Germigni, bonne et longue vie.

D'Avignon le xxxe de janvier 1578.

Vostre très affectionné à vous honorer, aymer et faire plaisir,
G. CARD. D'ARMAIGNAC [3].

VIII

Monsr de Germigny, n'aiant jamais laissé passer un seul ordinaire sans
respondre aux lettres que vous m'avez escript, encores moingz ay je voulu
differer d'accuzer la reception de celle que j'ay receu le troisiesme de ce
moys par laquelle j'ay veu l'inopinée perte que le Grand Seigneur a faict
du secours qu'il envoyoit à Tifflis à son grand dommaige, par laquelle
l'on peult juger assez de l'inconstance de fortune, laquelle ne monstre
pas plus de certitude aux afferes de Monsieur frère du Roy, en Flandres,
si le bruict que l'on faict courir de quelque mutination entre les françoys
et flamans se trouve veritable [4], de quoy nous aurons bien tost certaines
novelles, et vous aussi par mon moien, si cela est, et que le piz soyt
demuré du costé de noz gens, ce sera aultant de boys pour adjouster au
feu de joye que les partisans ont faict pour le succès de la bataille navalle
de Portugal [5].

[1] Ménerbes, comme nous l'avons déjà vu dans la lettre précédente.
[2] F[o] 56. Le billet est adressé « A Monsr de Germigny, gentilhomme servant du Roy. »
[3] F[o] 57. « A Monsieur de Germigny, gentilhomme servant du Roy. »
[4] Ce bruit n'était que trop véritable. On sait que la malheureuse tentative
du duc d'Anjou sur Anvers, dite *Folie d'Anvers*, est du 17 janvier.
[5] La bataille livrée devant Tercère le 26 juillet 1582.

Quant à ce quartier, la paix y a desja pris telle pocession que l'on ni voyt aulcun nouveau remuement. Dieu la nous veuille continuer longuement et dispozer toutes les aultres provinces à la recepvoir, inspirant les cœurs de tous les princes chrestiens à une bonne union et concorde affin que en nostre temps nous puissions veoir la fin de tant de malheurs. Au reste je vous ay desja faict entendre qu'il y a huict moys que Sieurac est devenu courtizan poursuyvant mes affaires. Voilà pourquoy il ne faut pas que vous trouviez estrange s'il ne vous escript, à quoy il ne fauldra pas de satisffere à son retour qui sera en brief, Dieu aydant, lequel je prie vous continuer la santé et vous donner, Monsr de Germigny, heureuse et longue vie.

D'Avignon ce xie febvrier 1583.

Vostre tres affectionné à vous honorer et aymer,
G. CARD. D'ARMAIGNAC.

Je suis tousjours atendant nouvelles de l'arrivée de la nef St^e Marthe pour le besoing que j'ay du baulme, ambre gris, et terre sigillée [1] que me doibt porter la femme Linventine. Si vous cognoissez qu'elle ne soyt point venue en ceste ville, comme je m'en doubte, je vous prie m'en envoyer par la premiere commodité. J'ay au reste bien estroictement recommandé à Messrs d'Abin [2] et de Nantes, commissaires deputez du Roy [3] pour aller ouyr les doleances de son peuple, l'affère du benefice du Daulphiné qui est à vostre nepveu, à quoy ilz m'ont promis de si bien prouvoir, qu'il en jouyra paisiblement [4].

IX

Monsr de Germigny, nous avons à la fin tant faict par belles paroles ou aultrement en deux voyages que Me Quentin a faict devers Goncourt et son frere, qu'ilz se sont contantez que les parties de Saint-Saulveur se soit arrenté au nom de vostre nepveu à fort vil prix, de quoy neansmoins il sera bien difficille d'en rien tirer pour estre gens, comme vous sçavez. qui ont la consentie fort estroicte, mais quant vous n'en auriez aultre chose que la rente du membre qui en deppend, de laquelle vous estes assuré, cela servira à tout le moins à fortiffier vostre droict contre un competiteur qu'il y a de Viviers, qui dict le dict prioué luy appartenir par resignation, duquel je m'assure que vous viendrez bien à bout, si une fois vous estes

---

[1] Terre argileuse employée jadis en médecine comme absorbante, antiputride, sur laquelle on imprimait un cachet *(Sigillum)*, d'où le nom de terre sigillée.

[2] Louis Chasteigner de la Roche-Posay, seigneur d'Abain, qui fut ambassadeur à Rome après Paul de Foix.

[3] Philippe du Bec, qui siégea de 1566 à 1594.

[4] F° 58. « A Monsieur de Germigny, conseiller du Roy et son Ambassadeur à la Porte du Grand-Seigneur. » Germigny a écrit au dos de la lettre : *Repondu le 3 may* 1583.

de retour de deçà, lequel je desire extrêmement pour le bien de vostre santé et pour le peu d'honneur et de prouflct que vous pouvez acquerir avec ces barbares et infidelles. A cet effect j'ai escript à Monsieur le duc de Joieuze pour impetrer vostre conged du Roy [1], ayant chargé le sieur de Sizonne, qui est parti six jours y a pour l'aller treuver, de la lettre et de la sollicitation. Je m'assure qu'il y fera son debvoir pour le luy avoir bien estroictement recommandé. Comment que ce soyt vous ne reviendrez jamais si tard que vous ne treuviez la France bien brouillée, specialement du costé de Languedoc à cause des nouveaux troubles et remuemens qui sont sur le poinct de s'esclorre, après avoir longuement couvé soubs la mauvaise volonté des perturbateurs du repoz, si Dieu par sa grace n'a pityé de nous, combien que le retour de Monsieur, frère du Roy, en France et la ferme reconciliation qu'il a faict avec Sa Majesté nous feist esperer de veoir toutes les reliques des misères de ce royaulme enscumplies soubz le pied d'une paix assurée que je supplie le Créateur nous octroier, et vous donner, Monsr de Germigny, en bonne santé heureuse et longue vie.

D'Avignon ce xiᵒ de mars 1584.

Vostre tres affectionné à vous honorer et aymer comme frere,

G. CARD. D'ARMAIGNAC [2].

X

Monsr de Germigny, de toutes les lettres que vous m'avez escrit il n'y en a poinct qui m'ayt donné tant de plaisir et de contentement que celle du xxᵉ de mars que je receuz le viiiᵉ de ce mois, par laquelle je vous veois gratiflé par Leurs Majestez de la licence et congé que vous avez de si longtemps desiré, qui me faict vivre en ceste esperance de vous veoir bientost par deçà, pour vous y embrasser et me complaire avec vous au recit de voz fascheuses avantures passées, dont la mémoire vous en sera tres aggreable, considerant que par vostre dexterité, patience et bon jugement vous les avez bien toutes surmontées et sortez à vostre honneur, maugré la fortune envyuse d'une charge si difficille [3], et la pesanteur de laquelle scra cognue par les deportemens de voz successeurs quoyqu'ilz soient personnes de bon entendement, comme est le sieur de Lancosme, duquel on a faict election maintenant pour envoyer en vostre lieu, où je prie Dieu qu'il se puisse si bien comporter, puisque je veois que son election vous est si aggreable, que le Roy en puisse estre servy à son

---

[1] On voit que si Henri III rappela Germigny, ce dernier, de son côté, ne demandait pas mieux que de revenir en France. Charrière n'avait pas su que l'ambassadeur avait sollicité son rappel. Germigny quitta Constantinople le 12 septembre 1584.

[2] Fᵒ 60. L'adresse de la lettre est la même que la précédente. Au dos est cette mention : *Repondu le 10 may suyvant.*

[3] Appréciation qui, bien qu'elle émane d'un ami, mériterait d'être toujours rappelée en face des appréciations trop sévères du président de Thou.

contentement et luy rapporter le fruict condigne à ses labeurs [1]. Cependant attendant vostre heureux retour je m'efforceray de conserver ma santé au bon estat qu'elle est par la grace de Dieu, pour avoir de quoy vous fere meilleure chere et acueil à vostre arrivée en ceste ville, où je supplie le Createur vous vouloir conduire sain et gaillard, et vous donner, Monsieur de Germigny, très longue et heureuse vie.

D'Avignon le xviii° de may 1584.

Vostre tres affectionné à vous aymer et honorer comme frere,

G. CARD. D'ARMAIGNAC.

Mons', je vous prie, n'oubliez pas d'apporter de la vraye terre sigillée avec du bol Armeny [2] et du baulme, si vous en pouvez recouvrer, et vous souvenir aussi de me fere recouvrer ung couble de tapis Cayrins qui sont des plus beaulx qui se facent, desquelz je feray incontinent rembourser l'argent de ce qu'ilz auront cousté [3].

XI

Mons' de Germigny, vous ne sçauriez croire le plaisir et contentement que m'apportent la réception de vos lettres, pour y trouver vostre bonne santé et diposition ensemble les nouvelles des cartiers de delà, dont vous me faictes continuellement part, et vous en mercie bien fort, mesmes de celles contenues en vos dernieres lettres des iii° et xxvii° juillet qui me furent rendus le xi° et xxix° d'aoust par la voye du pauvre Mons' de La Voypiere que Dieu appella à soy il peult avoir dix jours à mon tres-grand regret pour l'amytié que je luy portois fondée sur ses rares et officieuses quallites. Ores je prie Dieu luy fere paix et me conserver mes autres bons amys et serviteurs. Il a laissé ung sien nepveu nommé M. Philippes de La Voÿpiere qui tient la banque [4], duquel je me serviray en l'addresse de mes paquets, comme je veulx croire que vous ferez et que ledict deffunct vous aura donné advis de la reception des titres et prinse de possession du prieuré de Saint-Sauveur, que je luy envoyay long temps y a. Aussi croy-je que Quentin vous rendra compte des fruicts et puisque Mons' de Severac,

---

[1] Jacques Savary, sieur de Lancosme, ne devait pas justifier la confiance du cardinal d'Armagnac. Il trahit les intérêts de son roi et de sa patrie, et son successeur et son parent, François Savary, sieur de Brèves, le fit emprisonner. Voir l'*Histoire* de J.-A. de Thou, livre CIV, à l'année 1593.

[2] Le *bol d'Arménie*, ou *bol oriental*, était une argile ocreuse rouge, qui devait sa couleur à de l'oxyde de fer, et qui passait pour tonique et astringente.

[3] F° 62. « A Monsieur de Germigny, conseiller du roi et son ambassadeur à la Porte du Grand Seigneur, à Constantinople. » Germigny a inscrit an dos de la lettre ces mots : *Repondu le* 1er *jour d'aoust* 1584.

[4] Est-le même que « le banquier La Voulpiere à Lyon » dont il est question dans une lettre de 12 février 1577 (*Lettres françaises inédites de Joseph Scaliger*, 1881, in-8°, p. 61) ?

mon ancien secretaire et vostre tres affectionné amy, est de retour auprès de moy depuis quelques jours en ça, il s'en prendra soigneuse garde, et s'en rendra bon solliciteur [1], en attendant vostre heureux retour que je desiré grandement pour me pouvoir consoler avec vous comme avec l'un de mes plus anciens et vrays amys en l'aage de vieillesse qui me commence desjà à presser [2], mais je me porte assez bien ayant esgard à icelle, qui sont toutes les meilleures nouvelles que vous sçauriez attendre de moy, qui ne me mettray pas en grand peine de vous dire-les publicques, puisque vous en éstes souvent adverti par la voye de la Court. Il me suffira seullement vous advertir que le Roy de Navarre, Monsr le prince de Condé, Messieurs de la Rochefoucault, vicomte de Turenne et tous les depputes de la pretendue rellïgion nouvelle tiennent une assemblée à Montauban, où, à ce que j'entends, y a aussi des depputes d'Angleterre, d'Almaigne, de Flandres et d'Espagne pour prendre quelque bonne resolution sur l'establissement de la paix. Je prie Dieu les y inspirer et vous donner, Monsieur de Germigny, aussi heureuse et longue vie que je desire pour moy mesme, après m'estre recommandé de bien bon cœur à vostre bonne grace.

D'Avignon le viie de septembre 1584.

Vostre plus affectionné et vray amy à vous honorer come frere,

G. CARD. D'ARMAIGNAC [3].

XII

Monsr de Germigny, ceste cy ne sera que pour accuser la réception de la lettre que m'escrivistes de Lyon le xxie du passé, et me resjouyr comme je faiz de tout mon cueur avec vous de vostre heureux retour de vostre ambassade en attendant que je puisse fere cet office personnellement quant j'auray cest heur de vous pouvoir veoir par deça, selon la bonne espérance que vous m'en donnez, ce qui ne sera pas sitost que je le desire pour la grande envye que j'ay de vous veoir et me consoler avec vous de beaucoup de choses et avec voz sages discours sur vostre dite ambassade et de ce qui s'est passé par deça pendant icelle, venez vous en doncques puisque vous pouvez estre asseuré de recevoir aussi bon recueil et bonne chere que je sçaurois fere à amy que j'aye, m'asseurant que quand vous verrez l'estat des afferes de la court après avoir rendu compte à Sa Majesté de vostre delegation, vous n'y ferez pas grand sejour, pendant lequel je vous prieray, ce neanmoins vous venant à propoz, me ramentevoir ès bonnes graces et sou-

---

[1] F. Nouguier raconte (*Histoire d'Avignon* déjà citée p. 213), un miracle arrivé en cette ville : « Mesme, dit-il, Arnaud Sorbin, auteur digne de foy dans l'Histoire de Charles IX, assure l'avoir sceu de la bouche de M. de Severac, secrétaire du cardinal d'Armaignac, témoin oculaire. »

[2] L'emploi du mot *déjà* est ici bien singulier, le cardinal étant alors âgé de près de 84 ans.

[3] Fo 64. Même adresse que la précédente. Au dos de la lettre Germigny a écrit ces mots : *Repondu à Raguse le 28 octobre suivant.*

venances de leurs Matez. J'ay maintenant si peu de crédit en l'endroict du Seigneur que vous m'escrivez pour faciliter l'octroy de vostre congé que je crains que ma lettre vous apporteroit plustost préjudice que autrement. Voyla pourquoi je m'en deporteray et seullement clorray pour vous remercier de la terre sigillée et bol Armeny qu'il vous a pleu m'envoyer, encores qu'il s'en fault plus de la moyctié de ce qui estoit contenu en votre liste qui ont esté rendus à Severac, mon secrétaire, et bien affectionné et intime amy et serviteur [1]. Il en fauldra fere rendre compte au porteur s'il se trouve au cas qu'il y eust plus d'une boete car celle là estoit plaine. Vous me ferez bien plaisir, durant ce dit peu de service que vous serez en court, de m'escrire des nouvelles d'icelle, et principallement de la santé de Leurs Majestez, pour laquelle je prie incessamment Dieu, et vous conservant la vostre, vous donner en icelle,

Monsieur de Germigny, heureuse et longue vie, me recommandant de tout mon cueur à vostre bonne grace.

D'Avignon le viiie de février 1585 [2].

Vostre plus affectionné à vous honorer et aymer à jamais comme frère,

G. CARD. D'ARMAIGNAC.

APPENDICE.

AU ROY.

Sire, la suffisance de Monsieur de Germigny présent porteur, est telle que quand bien je n'aurois amplement informé Vostre Majesté par le sieur de S. Sixt de tout ce qui se passe en cet estat, et aux provinces voisines, si vous voudrois-je seulement supplier d'adjouter foy au dit sieur de Germigny, qui pour estre personnage veritable et d'une très devotieuse affection à vostre service, vous sçaura représenter ce qu'il a vu durant le séjour qu'il y a fait en un mois, pendant lequel je l'ay souvent employé et s bien reconnu les forces de son esprit que je me réjouis de la résolution que Vostre Majesté a prinse pour l'envoyer en Levant, pour l'assuerance que je rends, non seulement [que] vous en rapporterez satisfaction, mais qu'il en reviendra à toute la chrestienté de grands avantages, je vous supplieray très humblement, Sire, de le vouloir ouir sur l'espérance que nous avons de la paix et de toutes autres choses, et d'avoir souvenance de la servitude que

---

[1] Le cardinal d'Armagnac allait mourir quelques mois plus tard, le 5 juin, selon les uns, le 12 juillet, selon les autres, le 21 juillet, selon les troisièmes. La première de ces dates m'a semblé jadis et me semble encore la meilleure (*Introduction* déjà plusieurs fois citée, p. 451), mais il manque toujours un document décisif et j'espère qu'on ne tardera pas à le trouver.

[2] Fo 66. « A Monsieur de Germigny, chevalier de l'ordre du Roy et conseiller en son conseil privé. » Au dos Germigny a mis cette note : *Repondu le 7 mars suivant.*

je vous ay vouée d'aussi bon cœur que je prie Dieu de vous donner, Sire,
en toute perfection de santé tres heureuse et tres longue vïe.

Vostre très humble et très obéissant serviteur et sujet,

G. CARDINAL D'ARMAIGNAC.

D'Avignon, le 22 d'aoust 1576 [1].

A LA REYNE.

Madame, je vous escrirois bien exactement et par le menu tout ce qui
s'est passé en quelques traitez qui ont esté faits pour la paix de cet Estat,
et vous en rendrois compte comme l'importance de l'affaire requiert, n'estoit
que je vous en ay donné advis par le sieur de S. Sixt, qui est party il y a
cinq ou six jours, et que Monsieur de Germigny présent porteur qui s'est
trouvé icy, revenant de Marseille tout à propos pour y estre employé, tant
auprès de M. le Mareschal Dampville, où je le priay d'aller, qu'en autres
choses, en est si bien et suffisamment informé que je me promets qu'il vous
en scaura rendre bon compte à vostre contentement, l'ayant trouve désireux
de vous faire très humble service et si plein de zèle et très dévotieuse affection à ce qui touche l'authorité et dignité du Roy et vostre, que je me réjouis de tout mon cœur que tel personnage comme luy soit employé aux
charges où il vous a plu le destiner ; car il est tres certain que Vostre Majesté sera bien aise d'avoir fait un tel choix, et l'avoir proposé au Roy, comme
il m'a dit que vous aviez, et que la France et la chrestienté se ressentiront
du bien que Vostre Majesté leur a procuré envoyant au Levant le dit Germigny, lequel vous suppliant de croire sur les affaires de deca, je prie Dieu
de vous donner, Madame, en toute perfection de santé très heureuse et
très longue vie.

Vostre très humble et très obéissant serviteur et sujet,

G. CARDINAL D'ARMAIGNAC [2].

D'Avignon, le 22 d'aoust 1576.

A MONSIEUR LE CARDINAL DE BOURBON, LÉGAT D'AVIGNON.

Monseigneur, je suis bièn aise que l'occasion a porté de faire sejourner
cy quelques jours le sieur de Germigny present porteur qui est à vous,
d'autant qu'ayant veu ce qui s'est passé pour la trève, et l'espérance que
nous avons de paix, il vous sacura particulièrement et bien exactement
rendre compte de tout ce qu'il vous plaira estre informé. Combien qu'il ait
cet honneur d'estre connu de vous, si est-ce que je veux témoigner n'en
avoir guères connu plus affectionné à vostre service, ny qui soit plus
digne des charges qu'il a plu par vostre moyen à leurs Majestés leur donner,
et dont je me promets qu'il s'acquittera selon l'esperance que vous en

[1] *Illustre Orbandale. Éloge de M. de Germigny*, p. 74.
[2] *Ibid.*, p. 75.

avez: de quoy je fais très humbles prières à Dieu, et de vous donner, Monseigneur, en *toute perfection de santé tres heureuse et très longue vie,* me recommandant tres humblement à vostre bonne grace.

Votre tres humble et tres obeissant serviteur,

G. Cardinal d'Armaignac [1].

D'Avignon le 22 d'aoust 1576.

A MONSIEUR DE VILLEROY, CONSEILLER DU ROY ET SECRÉTAIRE D'ÉTAT.

Monsieur, encore que je scache que vous connoissez Monsieur de Germigny, present porteur, et que vous scavez sa valeur, si est-ce que pour l'amitié que vous me portez, je m'asseure que quand vous scaurez que je luy veux autant de bien qu'à l'un de mes parents, vous luy ferez plaisir et faveur du meilleur cœur, et le ferez, s'il vous plaist, ressentir du fruict de la prière que je vous fais, de le vouloir voir de bon œil, et luy assister en tout ce dont il vous requera pour l'amour de moy, qui l'ayant bien expressement *chargé de tout ce qui se passe icy pour vous en faire recit,* me recommande bien affectueusement et de bon cœur à vostre bonne grace, en priant Dieu de Vous donner, Monsieur, en bonne santé heureuse et longue vie.

Vostre affectionné à vous aimer et servir,

G. Cardinal d'Armaignac [2].

D'Avignon le 22 d'aoust 1579.

---

[1] *Ibid.,* p. 76.

[2] *Ibid.,* p. 76. Voir dans le *Recueil de pièces* qui suit l'*Éloge de M. de Germigny* une lettre du 9 juin 1589 que lui adressa Villeroy, à l'occasion de son retour (p. 83).